Lenny

le chiot paresseux

L'auteur : Jenny Dale a grandi dans une ferme des Cornouailles (Angleterre), entourée d'une bande de chiens, petits et grands, gentils et coquins. Aujourd'hui, elle vit toujours à la campagne et consacre ses journées à l'écriture de romans pour les enfants.

L'illustrateur : Frank Rodgers

Remerciements tout particuliers à Narinder Dhami

Titre original : *Lenny the Lazy Puppy*
Puppy Tales est une marque de Working Partners Limited, utilisée sous licence.

Publié pour la première fois
par Macmillan Children's Books, Londres, 1999.

Conception et réalisation de la maquette : Isabelle Southgate

Loi n° 49 956 du 16 juillet 1949 sur les publications destinées à la jeunesse.
Dépôt légal : avril 2005 – ISBN : 978 2 7470 1871 5
Imprimé en Allemagne par Clausen & Bosse

Mes animaux préférés

Lenny

le chiot paresseux

Jenny Dale

Traduit de l'anglais et adapté par Anne Delcourt

TROISIÈME ÉDITION

BAYARD JEUNESSE

• 1 •

Un blouson disparaît

– Cours, Lenny ! crie Laura. Va chercher la balle !

Elle lance la balle, qui s'élève très haut dans le ciel avant de rebondir sur la pelouse.

Lenny, couché au soleil, ouvre un œil, bâille et le referme.

– Je croyais que ton chien était un retriever*, s'étonne Agathe,

* Les retrievers sont des chiens de chasse spécialement dressés à rapporter le gibier.

la meilleure amie de Laura. Normalement, quand on lui lance un objet, il devrait aller le chercher, non ?

– C'est vrai, confirme Laura en riant. Mais seulement quand il en a envie.

Lenny pousse un nouveau bâillement. Il a fallu marcher un bon moment pour arriver au parc, et il ferait bien une petite sieste, maintenant. Ça ne l'amuse pas du tout de courir derrière un ballon. D'ailleurs, il sait parfaitement que Laura finira par y aller elle-même.

– Il s'en moque complètement, précise M. Duval, le père de Laura. Je n'ai jamais vu un chiot aussi paresseux !

– Papa, tu viens jouer avec nous ? demande Laura en sautillant sur place.

– Heu… non, merci, ma chérie, dit précipitamment M. Duval. Je vais plutôt m'asseoir sur un banc et lire le journal.

Laura s'approche du chiot et caresse son pelage doré :

– Et toi, Lenny, tu es sûr que tu ne veux pas jouer ?

Le chiot lui lèche la main en guise de réponse. Il adore Laura, mais il n'a aucune envie de bouger. C'est épuisant, et il fait bien trop chaud. C'est tellement plus agréable de lézarder au soleil !

Laura et Agathe s'éloignent en courant sur la pelouse et commencent à s'envoyer la balle.

– On s'est bien amusés hier, à ton anniversaire ! lance Agathe à Laura.

Lenny, lui, a passé l'après-midi sous la table à ramasser les miettes de gâteau que les enfants faisaient tomber par terre.

– Ton cadeau est génial ! crie Laura.

Agathe lui a offert un plumier décoré d'images de chiots qui ressemblent à Lenny.

– Qu'est-ce que tu vas acheter avec l'argent de ta tante et de ta grand-mère ? demande Agathe.

Laura hausse les épaules :

– Je n'ai pas encore réfléchi.

Pendant ce temps, Lenny s'assoupit. L'herbe de la pelouse offre un matelas doux et élastique, et le soleil réchauffe délicieusement sa fourrure dorée.

Il étire les pattes et s'installe plus à son aise. Il est sur le point de s'endormir.

Soudain, Laura s'exclame :

– Papa ! La balle a roulé dans les buissons ! On n'arrive pas à la retrouver !

M. Duval lui jette un coup d'œil par-dessus son journal :

– Tu es certaine d'avoir bien cherché ?

– Oui, je t'assure, on a regardé partout !

– Lenny pourrait peut-être nous aider ? suggère Agathe.

– On y passerait la journée ! objecte M. Duval en souriant.

Il replie son journal et se lève :

– C'est bon, je vais vous donner un coup de main.

Lenny redresse la tête, et s'affale de nouveau. Quelques secondes plus tard, il dort profondément, rêvant à un bel os à moelle…

– Papa ! Papa !

Le cri de Laura réveille Lenny en sursaut. Les deux fillettes se tiennent debout au milieu de la pelouse, l'air catastrophé.

Des feuilles et des brindilles plein les cheveux, M. Duval sort des buissons, montrant la balle avec une expression de triomphe.

– Qu'est-ce qui se passe, Laura ?

– Mon… blouson ! bredouille sa fille. Je l'avais laissé ici, dans l'herbe, et il a disparu !

Son père secoue la tête avec un soupir :

– Oh, Laura, ce n'était pas très malin ! Quelqu'un a dû le prendre

pendant qu'on cherchait la balle.

Lenny, qui déteste voir Laura triste, s'est précipité vers elle et se frotte doucement contre sa jambe pour la réconforter.

– Qu'est-ce qu'il y avait dans tes poches ? poursuit M. Duval.

Laura pâlit avant d'éclater en sanglots :

– L'argent de mon anniversaire ! J'avais mon portefeuille avec tous mes billets dedans !

– Laura ! s'écrie son père, mécontent. C'est complètement idiot ! Tu aurais dû me le confier !

Agathe glisse un bras autour des épaules de son amie.

– Ne t'en fais pas, lui souffle-t-elle. Je suis sûre qu'on le retrouvera.

Lenny se sent coupable. S'il ne s'était pas endormi, il aurait pu surveiller le blouson de sa maîtresse, et on ne l'aurait pas volé. Il se laisse tomber aux pieds de Laura ; puis, soudain, il se redresse.

Il lèche le genou de la fillette et bondit tout autour d'elle en aboyant.

Laura lui ébouriffe distraitement l'oreille. Les deux amies et M. Duval, trop occupés à discuter, ne prêtent pas attention au chiot.

Ce dernier s'en va en reniflant l'herbe, la truffe collée au sol.

• 2 •

Un terrible gardien

Lenny est un peu perdu. Il y a tellement d'odeurs qui se mélangent ! Mais, grâce à la finesse de son odorat, il ne tarde pas à identifier celle de Laura.

En suivant sa trace, il détecte bientôt les odeurs de deux autres personnes. Sûrement celles qui ont pris le blouson ! Reniflant à droite et à gauche, Lenny, sans lâcher sa piste, quitte la pelouse pour gagner l'allée. Peu à peu, il s'éloigne en trottinant dans les méandres de l'allée.

De leur côté, Agathe, Laura et son père ont inspecté chaque centimètre carré de la pelouse, et fouillé tous les buissons. Aucune trace du blouson.

– Il n'est pas là ! se lamente Laura, au bord des larmes.

– Quelqu'un l'a peut-être ramassé pour le porter chez le gardien du parc, M. Faivre, dit Agathe.

– C'est vrai, le gardien récupère les objets égarés, acquiesce M. Duval. On ferait bien d'aller voir.

– Tiens, où est Lenny ? demande tout à coup Laura. Lenny ! Lenny !

Mais le chiot a disparu.

– Il a encore dû s'endormir dans un coin, grommelle M. Duval. On n'a plus qu'à l'appeler jusqu'à ce que ça le réveille !

– Ou bien il est parti à la recherche de ton blouson ! intervient Agathe. Après tout, c'est un retriever, non ?

M. Duval fait une grimace dubitative :

– Ça, ça m'étonnerait. Il ne rapporterait pas un os même si on le lui mettait sous le nez.

Il ramasse son journal sur le banc.

– Venez, toutes les deux. Allons voir le gardien. On cherchera Lenny sur le chemin.

Pendant ce temps, Lenny, très concentré, suit la trace du blouson. Il n'entend pas les pas qui s'approchent derrière lui. Soudain, une voix déclare sèchement :

– Je ne veux pas voir de chiens errants traîner dans mon parc, Danny. Si tu en vois un, appelle la SPA pour qu'ils viennent le chercher. Compris ? Il y a trop de bêtes ici, c'est une véritable invasion.

Lenny s'arrête net.

Il connaît cette voix ! C'est celle de M. Faivre, le gardien. Tous les chiens qui viennent au parc ont peur de lui. C'est un homme grand à l'air mauvais, doté d'une petite moustache.

Il patrouille dans le parc en inspectant tout de son œil d'aigle. Il n'aime pas les papiers gras, il n'aime pas les enfants, et il n'aime pas les chiens – encore moins les chiens errants.

Lenny n'est pas un chien errant ; d'ailleurs, il a un collier autour du cou, indiquant son nom et son adresse. Mais il préfère éviter le gardien. Il se faufile dans un épais taillis et s'y aplatit.

M. Faivre surgit dans l'allée, accompagné d'un jeune homme avec des cheveux châtains et des lunettes, qui bâille en écoutant son chef.

– Il y a beaucoup de choses à apprendre pour devenir un bon gardien adjoint, clame M. Faivre. Comme c'est ton premier jour, fais bien attention à tout !

– Ouais, d'accord, marmonne Danny.

– « Oui, monsieur Faivre », s'il te plaît, rectifie le gardien en fronçant les sourcils.

Lenny attend que les deux hommes se soient éloignés pour sortir du taillis. Mais… impossible de se dégager ! Son collier s'est pris dans une branche, et il ne peut plus bouger !

Il se débat désespérément, mais il est bel et bien coincé. Il n'y a qu'une solution. Tirant en arrière de toutes ses forces, il glisse sa tête hors du collier, le laissant accroché à la branche. Ça y est, il s'est libéré !

De nouveau dans l'allée, la truffe au sol, Lenny retrouve l'odeur de Laura. Au bout de quelques minutes, elle le conduit près du grand lac situé au milieu du parc. Là, la piste s'interrompt.

Lenny court en cercles dans l'espoir de retrouver l'odeur, mais rien n'y fait. Les odeurs sont trop nombreuses pour qu'il arrive à identifier celle qu'il cherche. Au hasard, il va jusqu'au bord du lac, sans cesser de renifler.

Sur le plan d'eau nagent des canards et deux cygnes, qui plongent la tête dans l'eau à la recherche de croûtons.

Lenny les surveille du coin de l'œil.

Une fois, il les a poursuivis, ce qui lui a valu un violent coup de bec. Il n'est pas près de recommencer !

Le chiot se sent découragé. Maintenant qu'il a perdu la trace du blouson, il n'a plus aucune chance d'aider sa maîtresse.

Il retournera bredouille auprès d'elle...

Cette expédition l'a éreinté. Il peut bien se reposer un peu... Il s'allonge sous un arbre en bâillant.

– Hé, toi, là-bas ! crie une voix féroce qui fait trembler le chiot d'effroi. Fiche-moi le camp d'ici et arrête de faire peur aux canards !

Revoilà M. Faivre, le gardien !

·3·

Recherches sans fin

Lenny bondit sur ses pattes. M. Faivre se précipite vers lui en courant, le visage rouge de colère, son assistant sur les talons.

Lenny fait demi-tour et part à fond de train en direction de l'allée, suivi de près par M. Faivre et Danny.

– Enfin, Danny, tu ne peux pas

aller plus vite ? s'énerve le gardien. Il ne faut pas que ce chien nous échappe ! Il n'a pas de collier ; c'est encore un chien errant !

– Je... fais... de... mon... mieux ! souffle Danny, hors d'haleine.

– Un jeune gars comme toi devrait courir plus vite que ça ! Aargh ! Ôtez-vous de mon chemin, stupides bestioles ! hurle M. Faivre en freinant brusquement.

Une troupe de canards et deux cygnes se pressent en dandinant devant lui pour quémander du pain.

Danny, qui ne s'attendait pas à ce que son chef s'arrête aussi brutalement, lui rentre dedans.

– Tu ne peux pas regarder où tu vas ? rugit M. Faivre.

– Ce n'est pas ma faute ! s'indigne Danny.

Le gardien fixe son assistant d'un œil noir.

– Je veux que ce chien soit capturé avant de causer de nouveaux dégâts dans mon parc ! meugle-t-il. Aïe !

L'un des cygnes, irrité par ses cris, vient de lui décocher un bon coup de bec dans la cheville.

Une fois au bout du parc, Lenny s'arrête. Là, il se retourne.

Ouf ! Il a réussi à semer les deux hommes.

D'un pas traînant, il se dirige vers la pelouse. Même s'il n'a pas retrouvé le blouson de Laura, il a bien mérité une sieste !

Pendant ce temps, Laura, Agathe et M. Duval se rendent à la petite cabane en bois du gardien. Elle ressemble à une remise de jardin et se trouve de l'autre côté du parc, près du terrain de tennis.

– J'espère que quelqu'un aura rapporté le blouson, murmure M. Duval.

– Moi aussi, ajoute Agathe.

Mais Laura ne les écoute pas. Elle regarde partout autour d'elle, le front plissé.

– C'est surtout Lenny qui m'inquiète, dit-elle. C'est tellement grand, ici ! Et s'il s'était perdu pour de bon ?

– Oh, il doit traîner dans le coin, répond son père tandis qu'ils arrivent à la remise. Il est trop paresseux pour aller très loin.

– J'ai l'impression que le gardien n'est pas là, remarque Agathe.

M. Duval frappe à la porte. Il appuie sur la poignée : la porte est fermée à clé. Il regarde par la fenêtre, mais le blouson n'est pas à l'intérieur.

– Qu'est-ce qu'on va faire ? demande Agathe.

– Je veux qu'on cherche Lenny, réplique Laura d'un ton décidé. Il va finir par paniquer, tout seul dans ce parc.

M. Duval sourit :

– Je suis sûr qu'il dort quelque part bien tranquillement.

– Il faut le retrouver ! s'obstine Laura. Je m'en moque, de mon blouson et de mon argent ! Le plus important, c'est Lenny !

– Bon, d'accord, cède son père avec un soupir. Partons à sa recherche…

De retour à l'endroit où Laura et Agathe jouaient à la balle,

Lenny tombe de sommeil. Il ne rêve que d'une chose : rentrer à la maison.

Mais voilà que Laura, Agathe et M. Duval ont disparu ! Lenny se demande où ils sont passés. Laura n'aurait jamais quitté le parc sans lui. Ils ne doivent pas être bien loin.

Le chiot part à leur recherche. En chemin, il perçoit soudain deux odeurs distinctes. Il s'arrête net. Il les a déjà senties lorsqu'il suivait la trace du blouson. Et elles sont de plus en plus fortes...

Levant la tête, il voit deux garçons qui s'approchent en se

disputant. L'un d'eux porte sur le bras quelque chose que Lenny reconnaît aussitôt : le blouson de Laura.

· 4 ·

Pris au piège

Lenny fixe les deux garçons d'un air mauvais. Ils n'ont pas le droit de prendre le blouson de Laura ! S'ils comptent l'emporter, ils vont avoir affaire à lui ! Il les rattrape et commence à grogner sourdement.

– Deux minutes, tu parles ! vitupère le plus petit des garçons.

Ça fait des heures qu'on la cherche, ta cabane du gardien, Antoine ! On va encore se faire gronder en rentrant !

– Enfin, Simon, on ne peut pas laisser le blouson n'importe où ! réplique Antoine. Son propriétaire va en avoir besoin !

– Et si on le rapportait à la maison ? propose Simon. Maman saura ce qu'il faut en faire.

Lenny, bien décidé à agir, se dirige droit sur eux.

Simon se retourne.

– Hé, Antoine, fait-il en donnant un coup de coude à son frère. Tu as vu ce chiot ? Il est mignon !

– Il a l'air un peu jeune pour se promener tout seul, observe Antoine.

Le garçon s'agenouille en tendant la main vers Lenny, qui se précipite sur lui.

C'est le moment ou jamais. Saisissant à pleines dents le blouson, il tire dessus de toutes ses forces.

– Hé, qu'est-ce que tu fais ? s'exclame Antoine en riant.

Il essaie de le faire lâcher prise, sans succès.

– Peut-être qu'il sait à qui appartient le blouson, suggère Simon.

– Viens m'aider au lieu de dire des bêtises, rétorque son frère, qui tente toujours de dégager le blouson.

Lenny tient bon, mais il commence à se sentir nerveux. Si les deux garçons s'y mettent, il ne résistera pas longtemps.

Par réflexe, il pousse un grondement sourd.

Simon recule prudemment :

– Tu l'as entendu ? Il est dangereux, ce chien !

– Mais non, il joue, c'est tout, répond Antoine, qui n'a pourtant pas l'air très rassuré.

– Il ne remue pas la queue, en tout cas ! objecte Simon.

Lenny émet un nouveau grognement, le plus convaincant possible. Cette fois, Antoine abandonne le blouson et fait un pas en arrière.

– OK, on s'en va, dit-il à Lenny. On te le laisse, ce blouson !

Les deux garçons prennent leurs jambes à leur cou. Lenny pousse un aboiement de triomphe. Ça y est, il a gagné ! C'est Laura qui va être fière de lui ! Et même M. Duval !

Le chiot entreprend de partir à la recherche de sa maîtresse avec le blouson.

Mais la tâche n'est pas facile. Le vêtement est bien plus grand que lui, et le pauvre Lenny s'emmêle les pattes dedans à chaque pas.

Trop occupé à s'en dépêtrer, il ne remarque pas les deux grandes ombres qui s'approchent de lui en se cachant derrière les arbres.

Ce n'est qu'à la dernière minute qu'il les voit surgir. Trop tard !

Une main le saisit par la peau du cou. Lenny pousse une plainte déchirante en se tortillant dans tous les sens pour se libérer.

– Je le tiens !

– Bien joué, Danny ! lance le gardien en rejoignant son assistant à grandes enjambées. Ne le lâche pas, surtout !

– Pas de danger ! affirme Danny, sûr de lui. Et maintenant ?

M. Faivre fixe le chiot en fronçant les sourcils. Lenny, affolé, s'aplatit aux pieds de Danny.

– Il n'a pas de collier, dit le gardien. C'est sûrement un chien errant. Retournons à la remise pour appeler la SPA.

Lenny tremble de peur. Que vont-ils faire de lui ?

Si seulement Laura était là !

·5·

Lenny s'énerve

Lenny lève sur Danny deux grands yeux implorants et se met à gémir pitoyablement.

Mais le jeune homme ne se laisse pas attendrir.

– Tiens, qu'est-ce que c'est que ça ? dit-il en montrant le blouson de Laura.

M. Faivre ramasse le vêtement.

– Quelqu'un a encore laissé traîner ses affaires ! marmonne-t-il. On va le ranger dans la caisse des objets trouvés.

Lenny est désespéré. Il était si près du but ! Il avait presque réussi à rapporter son blouson à Laura !

Il laisse échapper un grognement de frustration.

Lâchant le blouson, M. Faivre fait un bond en arrière, comme si une guêpe l'avait piqué.

– Il m'a menacé ! suffoque-t-il, indigné.

– Ah bon ? Je n'ai rien entendu, fait Danny.

Le gardien continue de fixer Lenny avec méfiance.

– Ramasse le blouson, Danny, ordonne-t-il.

– Heu..., je croyais que j'étais censé tenir le chien !

– Et alors, tu ne peux pas ramasser ce blouson en même temps ? rétorque M. Faivre.

– Bon, d'accord, grommelle Danny. Mais tenez le chien, pendant ce temps-là.

Et il essaie de tirer le chiot vers M. Faivre.

– Heu... non, non ! proteste le gardien en reculant. C'est toi qui le tiens !

M. Faivre, tout à coup, n'est plus aussi effrayant. Au contraire, on dirait même qu'il est effrayé ! M. Faivre a peur de Lenny ! Voilà qui est intéressant !

– Écoutez, monsieur Faivre, il faudrait savoir, s'impatiente Danny, qui en oublie la politesse. Vous voulez que je ramasse le blouson, ou que je tienne le chien ?

Sans laisser au gardien le temps de répondre, Lenny pousse un nouveau grognement, pour voir. Et, cette fois-ci, il s'efforce de le rendre le plus féroce possible.

M. Faivre pâlit ; même Danny ne paraît plus si sûr de lui.

– Heu... il est en train de s'énerver, non ? remarque-t-il.

– Ne me dis pas que tu as peur d'un chiot aussi petit, lance le gardien d'une voix tremblante.

Il peut toujours faire le fier, ce n'est pas Lenny qui va s'y laisser prendre !

Histoire de faire avancer les choses, il grogne de plus belle et fait mine de mordre la jambe de Danny, qui lâche son prisonnier avec un cri de surprise.

Profitant que sa ruse ait marché, Lenny se jette sur M. Faivre.

– Danny, espèce d'imbécile ! rugit celui-ci. Voilà qu'il m'attaque, maintenant !

Le gardien tente de s'enfuir, mais il trébuche et s'étale de tout son long.

– Au secours ! hurle-t-il en voyant le chiot se précipiter sur lui.

À la dernière minute, Lenny l'évite et bondit sur le blouson.

– Fais quelque chose, Danny ! implore M. Faivre, qui se relève à la hâte pour courir se réfugier derrière un buisson.

Après un moment d'hésitation, son assistant retire son manteau, puis il s'approche lentement de Lenny en tenant le vêtement devant lui à la manière d'un torero.

– Allez, le chien-chien, viens par là, murmure-t-il. Bon chien ! Tiens-toi tranquille, petit roquet.

Lenny grogne d'indignation, mais Danny continue d'avancer. Le chiot sait bien qu'il va se faire attraper, mais il ne peut se résoudre à se sauver. Son devoir est de veiller sur le blouson de Laura !

· 6 ·

Bravo, Lenny !

– Mais qu'est-ce qui se passe, ici ?

En reconnaissant la voix grave de M. Duval, Lenny ne peut retenir un gémissement de soulagement.

Danny s'immobilise.

– Lenny !

Le chiot a reconnu cette voixlà aussi. C'est celle qu'il aime le plus au monde : celle de Laura !

Il se retourne avec un aboiement de joie. Ouf ! Il était temps qu'ils arrivent.

Laura accourt vers le chiot et le prend dans ses bras. Lenny se tortille dans tous les sens pour exprimer sa joie, et donne de grands coups de langue sur le visage de sa maîtresse.

Stupéfait, M. Duval fixe Danny, qui brandit toujours son manteau. Puis il se tourne vers le gardien, à moitié caché derrière son buisson.

–Tout va bien ? s'inquiète-t-il.

Mais voilà que Laura a repéré son blouson.

– On l'a retrouvé ! s'écrie-t-elle, radieuse.

– Oh, ce blouson est à vous, mademoiselle ? Et le chien aussi ? demande Danny.

Laura hoche la tête en serrant Lenny très fort dans ses bras.

– On l'avait pris pour un chien errant, précise M. Faivre en s'approchant. Il devrait porter un collier !

– Il en a un, normalement, répond Laura en regardant le cou de Lenny. Il a dû le perdre en jouant dans le parc.

– On l'a trouvé alors qu'il errait en traînant le blouson, raconte le gardien.

– Attendez un peu, intervient M. Duval, ébahi. Vous voulez dire que c'est Lenny qui l'a retrouvé ?

M. Faivre et Danny échangent un regard et hochent la tête.

– Bravo, Lenny ! s'écrie Laura avec fierté. Je savais que tu pouvais le faire !

La queue de Lenny se met à remuer frénétiquement.

– Tu es un héros, Lenny, renchérit Agathe en grattant le chiot derrière les oreilles.

– Moi qui te prenais pour un gros flemmard ! ajoute M. Duval avec un sourire. Je retire tout ce que j'ai dit, Lenny. Bien joué !

Lenny aboie à tue-tête. Que c'est agréable, les compliments !

– On allait rapporter le blouson à la guérite, poursuit Danny. Mais le chiot a tout fait pour nous en empêcher. N'est-ce pas, monsieur Faivre ? Ensuite, quand il a commencé à grogner, M. Faivre a pris peur, et…

– C'est bon, merci, Danny, l'interrompt vivement le gardien.

– Oh, mais Lenny est très gentil ! s'exclame Laura en s'approchant du gardien avec le chiot dans les bras. Vous voyez ? Vous pouvez le caresser, si vous voulez !

Visiblement, M. Faivre préférerait encore caresser un tigre mangeur d'hommes... Mais, prenant son courage à deux mains, il se risque à effleurer la tête du chien.

Lenny pousse un léger aboiement, et M. Faivre sursaute, affolé.

– Il vous dit bonjour, c'est tout ! explique Laura.

Le gardien se force à sourire et tapote de nouveau la tête de Lenny, qui remue la queue comme un fou. Incroyable ! Il est devenu ami avec le terrible, l'effrayant M. Faivre !

Cette aventure a épuisé le chiot,

qui bâille à s'en décrocher la mâchoire.

– Je crois qu'il est temps de rentrer à la maison, observe M. Duval d'un ton amusé.

– Je te porte, Lenny, tu en as déjà beaucoup fait aujourd'hui, déclare Laura.

Ils disent au revoir à Danny et à M. Faivre et prennent le chemin du retour, le chiot pelotonné dans les bras de sa jeune maîtresse.

– Alors, tu vois, papa ? dit Laura tandis qu'ils franchissent les grilles du parc. Lenny est un vrai retriever !

– C'est juste, acquiesce son père. Je n'en reviens pas ! Il s'est débrouillé comme un chef. J'avoue que je l'avais mal jugé. Toutes mes excuses, Lenny.

Mais le chiot, lui, s'est déjà endormi.

Fin

Découvre vite une autre aventure :
celle de Violette et Safir,
le beau chaton !

Quelques jours plus tard, de retour de l'école, Violette est installée devant la télévision, le chaton sur les genoux, quand sa mère entre au salon.

– Violette, tu ne dois pas laisser Safir grimper sur le canapé.

Mme Gallois frotte énergiquement les coussins avec un chiffon humide et fronce les sourcils en voyant tous les poils qui restent collés dessus.

– Ton père s'y est assis ce matin. Quand il s'est relevé, son nouveau costume était couvert de poils.

– Désolée, dit Violette. Je le brosserai tout à l'heure.

Elle espère que sa vieille brosse bleue conviendra, en attendant le peigne spécial.

Mme Gallois marmonne un peu entre ses dents, et va chercher l'aspirateur.

– Et cet engin qui ne marche pas bien ! ajoute-t-elle, agacée.

Violette se sent coupable : si seulement la fourrure de Safir ne donnait pas tout ce travail à sa mère !

– Tu veux que je passe l'aspirateur ? propose-t-elle.

Mme Gallois secoue la tête :

– Non, il est bien trop lourd pour toi, ma puce. Moi-même, j'ai du mal à le déplacer.

Elle branche le vieil aspirateur et l'allume.

Le grondement du moteur fait sursauter Safir, qui s'était assoupi. Il saute au bas du canapé et file vers l'escalier, laissant une nuée de poils gris derrière lui...

C'est samedi. Pour une fois, Violette n'est pas obligée de se dépêcher ; elle en profite pour traîner un peu à la salle de bains.

Safir a décidé de lui tenir compagnie pendant qu'elle prend sa douche. Perché sur le rebord de la baignoire, il essaie en vain d'attraper les gouttes d'eau.

EXTRAIT

Violette ferme le robinet et dépose une poignée de mousse devant lui pour qu'il s'amuse avec. Intrigué, le chaton observe les bulles blanches, puis tend prudemment une patte pour les toucher… mais elles disparaissent aussitôt !

Il se penche pour renifler cette drôle de chose et, surpris, bondit en arrière. Quelques bulles restent accrochées à son nez, et le font éternuer. Safir perd l'équilibre et glisse dans la baignoire, le nez tout blanc de mousse.

– Oh, Safir ! s'écrie Violette. Gros bêta !

Elle ne peut s'empêcher de rire en sortant le chaton de la baignoire. Puis elle remarque qu'il a laissé plein de poils sur la paroi.

Vite, elle saisit un gant de toilette et les essuie avant que sa mère ne tombe dessus.

De la salle de bains, elle l'entend qui passe l'aspirateur au rez-de-chaussée.

Cela fait maintenant une semaine

que Safir est arrivé à la maison, et il s'est parfaitement adapté. Il y a juste un gros problème : ses poils !

Sa magnifique fourrure grise en sème des paquets partout sur son passage. Ce qui ne plaît pas du tout à Mme Gallois…

Après s'être habillée, Violette emmène Safir dans sa chambre.

– C'est l'heure du brossage, lui annonce-t-elle en le posant sur son lit.

Mais, le temps qu'elle aille chercher la brosse, Safir a disparu. Elle regarde sous le lit, derrière le bureau… Puis elle aperçoit une queue touffue comme celle d'un écureuil qui dépasse de la couette :

– Je te vois !

Elle soulève la couette, et découvre son chaton sur le point de bondir. Il saute en l'air, escalade le dos de sa maîtresse et s'installe sur son épaule en miaulant à tue-tête.

Violette se roule sur son lit en riant quand sa mère apparaît sur le seuil.

– Tu as vu tes habits, Violette ? lui lance-t-elle d'un air contrarié. Tu ferais mieux de te changer ; tu es couverte de poils. Si tu le brossais, ça éviterait qu'il en perde autant.

– J'allais justement le faire, maman, lui assure Violette en brandissant la brosse.

Avec un soupir, Mme Gallois retourne à son ménage. Violette installe Safir sur ses genoux et se met à lui brosser doucement le dos.

Mais le chaton ne semble pas du tout apprécier les caresses de ce drôle de hérisson. Il saute sur ses pattes en sifflant, prêt à se défendre.

– Allez, Safir ! s'impatiente Violette. Laisse-toi faire. Sinon, on va avoir des ennuis, tous les deux.

Au même instant, l'aspirateur cesse de vrombir, et Mme Gallois l'appelle de la salle de bains :

– Violette, veux-tu venir ici, s'il te plaît ?

Que veut Mme Gallois ?
Finira-t-elle par accepter Safir ?

Si tu as aimé ce livre,
tu peux lire d'autres histoires d'animaux
dans la collection

Mes animaux préférés

Chico
le poney de la plage
N° 601

Pipo
le poney de l'école
N° 602

Loula
la chienne perdue
N° 603

Diablo
le chaton coquin
N° 604

Kado
le chaton abandonné
N° 605

Titus
le chiot gourmand
N° 606

Pilou
le chiot tout fou
N° 607

Salto
le poney champion
N° 608

Safir
le beau chaton
N° 609

Lenny
le chiot paresseux
N° 610

Fanfan
le poney turbulent
N° 611

Mimi
le chaton polisson
N° 612